소중한
나의 비밀친구

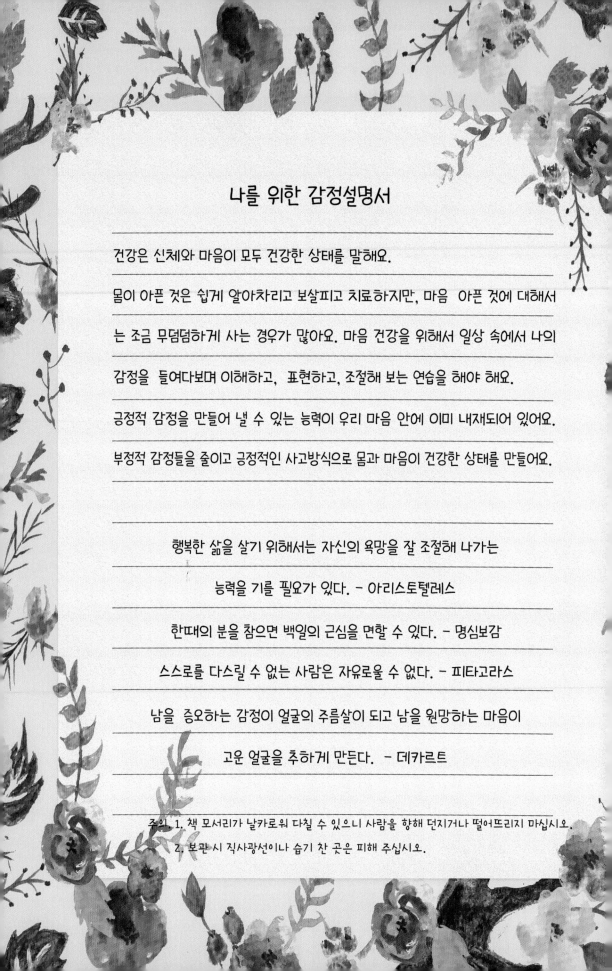

나를 위한 감정설명서

건강은 신체와 마음이 모두 건강한 상태를 말해요.

몸이 아픈 것은 쉽게 알아차리고 보살피고 치료하지만, 마음 아픈 것에 대해서

는 조금 무덤덤하게 사는 경우가 많아요. 마음 건강을 위해서 일상 속에서 나의

감정을 들여다보며 이해하고, 표현하고, 조절해 보는 연습을 해야 해요.

긍정적 감정을 만들어 낼 수 있는 능력이 우리 마음 안에 이미 내재되어 있어요.

부정적 감정들을 줄이고 긍정적인 사고방식으로 몸과 마음이 건강한 상태를 만들어요.

행복한 삶을 살기 위해서는 자신의 욕망을 잘 조절해 나가는

능력을 기를 필요가 있다. - 아리스토텔레스

한때의 분을 참으면 백일의 근심을 면할 수 있다. - 명심보감

스스로를 다스릴 수 없는 사람은 자유로울 수 없다. - 피타고라스

남을 증오하는 감정이 얼굴의 주름살이 되고 남을 원망하는 마음이

고운 얼굴을 추하게 만든다. - 데카르트

주의 1. 책 모서리가 날카로워 다칠 수 있으니 사람을 향해 던지거나 떨어뜨리지 마십시오.
2. 보관 시 직사광선이나 습기 찬 곳은 피해 주십시오.

작품의도

외롭고 심심하고 힘들 때 나타나 힘을 주었던 비밀 친구.

어린 시절 나에게 소중한 비밀 친구가 있었듯 나의 어린 딸에게도 힘이 되는 비밀친구

가 있었으면 하는 바람에서 그림책을 그리게 되었어요.

생각해 보면 비밀 친구는 상상 속의 또 다른 내가 닮고 싶었던 자아였고, 객관적으로

나를 바라보게 해 주었어요. 뿐만 아니라, 불안하고 두려운 감정을 보듬어 해결책을

제시 해 주기도 하고 안정감을 찾아 주었지요.

이 책은 감정을 나누는 내 안의 소중한 친구와 함께 커 가는 성장 스토리예요.

동화를 한 장 한 장 그리면서 어린 시절 감정과 마음을 다시 들여다보게 되었고,

어린 시절 풀지 못했던 나의 감정들을 어루만지고 보듬어 주는 의미 있는 시간이었어요.

내가 느끼는 다양한 감정을 표현하는 것은 건강과 행복을 지키는 소중한 것이에요.

그런 의미에서 자신의 감정을 유심히 들여다보며 마음 상태를 표현하고, 감정의 노예

가 아니라 주인이 되어 감정을 잘 다스리는 것이 중요해요.

나의 감정을 잘 보듬어야 주위 사람들의 감정도 들여다볼 수 있어요.

이 책을 통해 아이와 함께 감정의 경험을 나누고, 마음을 건강하게 만드는 방법을

찾았으면 해요. 더불어 나에게 미소 지을 수 있었으면 합니다.

글그림 : 이수진

대학교에서 전공적성개발, 면접, 스피치 특강 등 NCS 대인관계 의사소통 전문
강의를 하고 있다. 우연히 접한 그림책에 푹 빠지면서, 미술과 친숙해지고
샌드아트와 페이스페인팅으로 재능기부를 하고 있다.
그림과 글을 통해 넓은 세상에서 아이들이 건강하고 행복하게 살아갈 수 있는
힘을 주는 책을 만들고 싶다.

강의분야

대인관계, 의사소통, 스피치, 면접, 토론, 토의 (하브루타)

서적

전공서적 : 글로벌비지니스, 호텔서비스, 세계문화여행

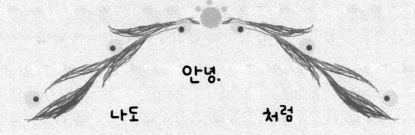

안녕.

나도   처럼

외롭고 무섭고 힘들 때가 있었어.

그때 함께 해 준 소중한 친구가 있어.

내 친구 이야기 해줄게.

어릴 땐 혼자 있는 게 무서워.
엄마가 없으면 세상은 온통 암흑으로 변하지.

두근두근
쿵쾅쿵쾅

옷장 속에 숨어있던 빨간 모자를 쓴 괴물이 나와.

엄마만 졸졸졸 쫓아다녀. 밥할 때도 청소할 때도 빨래할 때도

졸졸졸 졸졸졸
졸졸졸

어느 날,

목욕탕에 갔는데 엔젤을 만났어.

너무너무 갖고 싶었어.

그날 밤, 신기한 일이 벌어졌어.
엔젤이 찾아와
나에게 비밀 친구가 되어 준다고 속삭였어.

" 너의 비밀 친구가 되어줄게."

엔젤과 함께 반짝반짝 별들을 따라 저 높은 하늘로
신기한 꿈나라 여행을 갔어.

비밀친구 엔젤은 어떤 친구냐고?
내가 화가 나서 소리칠 때도 꽁꽁 숨어 버리고 싶을 때도
엔젤은 내 곁에 와서 이야기를 나누지.

" 무슨 일로 화가 났어.   왜 짜증이 날까?"

엔젤과 대화를 나누면 마음이 차분해지고 편해져.

" 왜 울어? 슬픈 일이 있었니?"

엔젤과 함께라면 용기가 생겨. 조금씩 어른이 되는 것 같아.
내 얼굴은 어느새 새콤한 과일 맛이 나.

" 있는 그대로 좋아"

엔젤은 내가 꾸미지 않아도 이쁘대.

이제 높이 높이 올라갈 수 있어.

" 조심! 조심! 높이 올라가지 않아도 돼."

엔젤은 나를 걱정하며 소리쳐.

어느 날 엄마 아빠는 무섭게 변했고 서로에게 상처를 주면서 싸웠어.

째각째각 째각째각

째각째각 째각째각

째각째각

째각째각

난 어떻게 해야 할지 몰라.

무서워서 눈을 감으면
어느새 엔젤의 품에서
잠이 들어있어.

엔젤은 나를 위로해 줘.

잠에서 깨면, 엄마 아빠의 품은 전처럼 따뜻하고 포근해.

엔젤은 지치고 힘든 나에게 용기를 줘.

" 넘어져도 괜찮아. 할 수 있어

이제 두발자전거를 타고
어디든지 갈 수 있어.

난 스스로 할 수 있는 게
점점 많아져.

초등학교 처음 가는 날, 너무 두려웠어.
엔젤은 웃으며 말하지.
"너의 새로운 시작을 응원해~ "

하지만, 가기 싫어서 나도 모르게 눈물이 흘러.

흑~
흑~

오줌싸개가 되었을 때, 아무도 없는 곳으로 숨어버리고 싶었어.
이제 친구들이 나를 싫어할 거야. 무시할 거야.

엔젤은 다른 친구들도 한 번쯤은 오줌싸개였다고 귀띔해줘.

"누구나 실수할 수 있어.~ "

엔젤의 위로에 나는 힘을 얻어.
하지만 나는 작아진 것 같아.

웅성웅성

옹성옹성

시간이 지나면 아픈 마음이 사르르 아물어.
난 엄마 품에서 다시 힘을 얻어.

어느 순간 친구의 마음이 들어와 오손도손 친구가 생겨.

우리는 시도 때도 없이 눈빛만 봐도 헤헤헤 웃음이 나와.

재잘재잘

엔젤도 방긋 웃으며 나와 눈을 맞춰.

" 나도 언제나 너의 편이야"

비밀인데, 좋아하는 친구도 생겨.

수줍게 고백을 해.

알콩달콩

엔젤은 나를 격려해주지.

" 잘 할 거야. 잘하고 있어."

...리는 함께 있어 힘이 되지. 아빠의 어깨는 든든해.

엔젤은 미소를 지으며 나지막한 소리로 말해.

" 너의 가능성을 믿어"

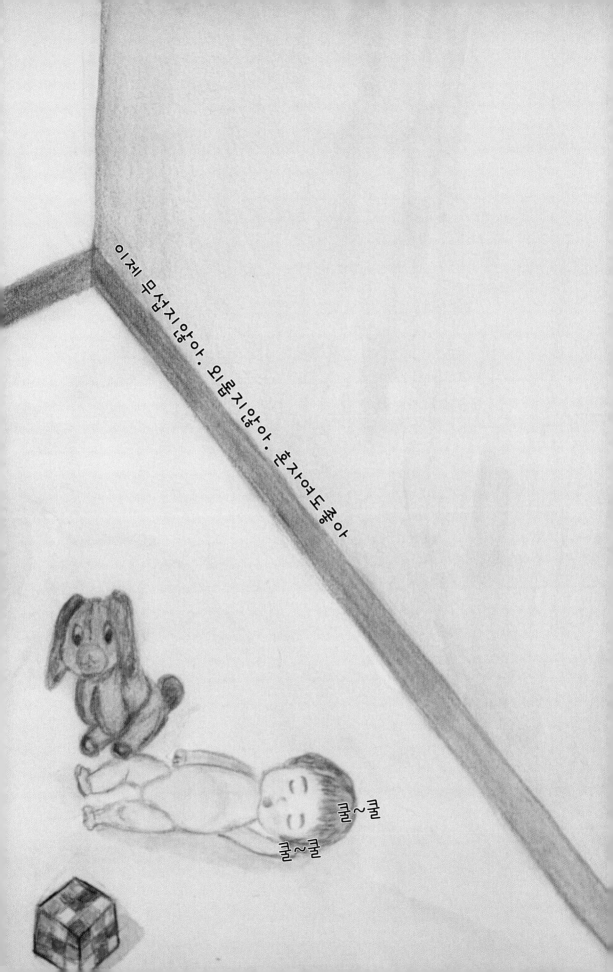

끝
The end

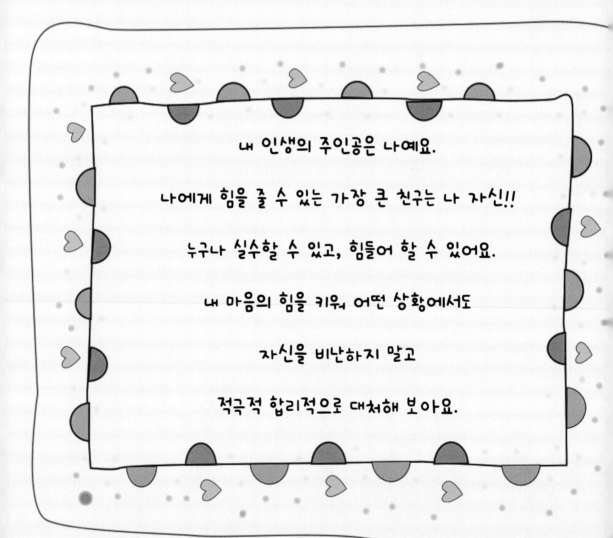

내 인생의 주인공은 나예요.

나에게 힘을 줄 수 있는 가장 큰 친구는 나 자신!!

누구나 실수할 수 있고, 힘들어 할 수 있어요.

내 마음의 힘을 키워 어떤 상황에서도

자신을 비난하지 말고

적극적 합리적으로 대처해 보아요.

나를 위한 감정설명서

우리가 느끼는 수많은 감정에 대해 알아보아요.

감정이란 무엇일까요

감정은 내가 무언가를 할 때 방향을 알려주는 나침반이어요. 내 감정을 잘 관찰하면 내 마음의 상태를 알고 잘 표현할 수 있어요.

감정은 어떤 현상이나 일이 일어났을 때 드는 마음이나 기분 즉, 자극에 대한 몸의 반응이에요. 갓난아기도 불쾌한 냄새를 맡게 하면 찡그리고 싫어해요, 비 오는 날 지렁이를 봤을 때 놀라서 뒷걸음질하기도 하고, 뛰다가 넘어지면 아파서 울어요. 친구와 신나게 놀이터에서 놀면 기분이 좋고 TV에서 재밌는 것을 보면 웃기도 하지요.

우리는 매일매일 수도 없는 자극을 받으며 하루에도 즐거움, 행복, 화, 슬픔, 걱정 등 수십 개 수백 개의 감정을 받고 경험해요.
감정은 내가 무언가를 할 때 방향을 알려주는 나침반 역할을 하고 우리와 평생 함께 가지고 가는 거예요.

우리 마음속에는 수많은 감정들이 있고 이 감정들을 모두 잘 알고 잘 다스리는 사람은 없어요. 하지만 나이가 들면 내 감정에 대한 책임을 져야 해요.
갖고 싶다는 마음에 도둑질하거나, 화가 나서 사람을 때리면 그에 맞는 책임을 져야 하고, 싫어한다고 악성 댓글을 달고 나쁜 말을 하면 나로 인해 많은 사람들이 상처를 받을 수 있어요.

자기감정을 잘 들여다보는 연습을 해야 내 감정을 좋은 방향으로 다스리고 표현할 수 있어요.
일상생활에서 나의 감정을 들여다보는 연습을 하면 왜 그런 감정을 갖게 되었는지 알 수 있어요. 나쁜 감정이 들 때 어떻게 해야 하는지 알려주고 나의 감정을 바로 잡을 수 있게 도와줘요.

감정을 다스리는 이유

우울하고, 속상하고, 힘든 일을 겪을 때
나쁜 감정들이 계속 쌓이면 내 몸이 아프고
쉬는 시간이 필요해요.

우리는 하루에도 수십 개 수백 개의 감정을 느끼며 살아요. 특히, 어렵고 힘든 일을 겪고 있을 때 나쁜 감정들이 계속 쌓이면 내 몸이 아프고 쉬는 시간이 필요해요.

사람마다 감정을 다스리는 방법이 달라요.

잠을 충분히 자거나, 맛있는 음식을 먹고 쉬면서 내 몸을 충전하는 친구도 있고. 운동하거나, 조용한 음악을 듣거나, 그림을 그리거나, 책을 읽어 다른 일에 집중하기도 해요.
여행이나 새로운 경험을 하면서 좋은 생각을 갖기도 해요.
친구와 이야기를 나누면서, 재미있는 영화를 보면서 나의 감정을 다른 곳에 이입해 나쁜 감정에서 빠져나올 수 있어요.

순간적으로 화난 감정을 다스리는 게 제일 어려워요.
순간의 화를 참지 못해 상대방에게 나쁜 말을 하거나 폭력을 행사하면 그에 대한 책임을 져야 해요.
내 감정과 욕구를 있는 그대로 표현하면 후회할 수 있고 상대방에게 상처를 줄 수도 있어요.
특히, 가족 사이에 분노와 짜증을 터뜨리면 다시 평정심을 찾는 시간이 오래가고 힘들어요.

서로의 상처를 보듬어 주는 데 노력과 시간이 걸려요.

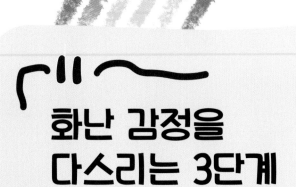

화난 감정을
다스리는 3단계

화도 소중한 내 감정이기 때문에 긍정적으로
화를 다스리면 더 나은 삶을 살 수 있어요.

1단계 **멈추기**

화가 자주 나는 사람은 화났을 때 말을 꾹 참아보는 훈련이 필요해요.
<u>화가 나면 일단 멈추고 심호흡을 해 보세요.</u>
먼저 가라앉히고 진정하면서 길게 심호흡을 하면 혈압이 내려가고
분노가 식어가는 느낌이 들어요.
코로 깊이 숨을 들이마셨다가 천천히 내뱉는 훈련을 5번 정도 해 보세요.

2단계 **생각하기 (객관화)**

내키는 대로 행동하면 어떻게 될지 결과를 생각해 보아요
<u>나는 왜 화가 났을까? 스스로 질문을 던지고 내 마음속을 들여다봐요.</u>
<u>상대방의 입장에서도 생각해 보아요.</u>
화난 감정이 지속되면 다른 공간에서 마음을 가라앉히는 방법을 써보세요

3단계 **표현하기**

상대방의 입장을 존중하며 <u>마음을 성숙하게 표현해 보세요.</u>
내가 왜 화가 난 걸까? 상대방은 왜 그랬을까? 이해해 보세요.
감정을 참기만 하고 속마음을 표현할 수 없으면 내 마음에 상처가 돼요.
<u>화도 소중한 내 감정이기 때문에 긍정적으로 화를 다스리면 더 나은 삶을 살 수</u>
<u>있어요. 나의 감정을 들여다보는 연습을 꾸준히 하고 체크해 보면 내 감정과 친숙</u>
<u>해지고 다스릴 힘이 생겨요.</u>

P/S 입꼬리를 올려 뇌를 자극하면
좋은 호르몬이 나와 화난 기분이 줄어든대요.

속상한 마음을 표현해요.

나 전달법으로 나의 마음을 표현해 보세요.
나 전달법은 나의 감정을 있는 그대로 표현하여
상대방의 마음을 움직일 수 있어요.

"나"전달법

나의 감정을 전달해요

'나 전달법'으로 감정을 전해요

듣는 사람의 감정이 상하지 않도록 나의 마음과 기분을 전달하고,

듣는 사람이 스스로 잘못된 행동을 고칠 수 있도록 해주는 말하기 방법

'나 전달법'으로 말하는 방법은

(사실 전달) : 네가 ~ 했다.

(감정 전달) : 내 마음이 ~ 하다.

(바람 전달) : 앞으로 ~ 이렇게 해줘 (~ 해주었으면 좋겠어.)

'나 전달법'을 연습해 보아요.

예를 들어)

너 전달법: 넌 종일 핸드폰만 보고 뭐 하는 거야? 숙제 다 했어?

나 전달법: 네가 종일 핸드폰만 보고 있으니 엄마가 걱정이 되는구나.

　　　　　숙제를 미리 해 놓고 핸드폰을 해주면 좋겠어.

너 전달법: 당신은 양말을 왜 뒤집어서 벗어나?

　　　　　10년째 말하는데 못 알아들어?

나 전달법: 양말을 뒤집어서 벗어 놓으면 일이 많아져서 힘들고 짜증이 나요.

　　　　　앞으로 양말을 잘 벗어놓아 주세요. 부탁할게요.

감정의종류

긍정적 감정
positive feeling

스스로를 일으켜 세울 수 있는 힘

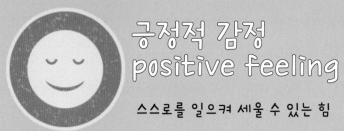

부정적 감정
negative feeling

위험을 감지 해 주는 신호

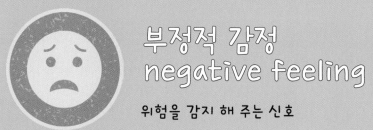

감정은 부정적 감정과 긍정적 감정으로 나눌 수 있으며, 부정적 감정은 자연스러운 것이며 무조건 나쁜 것은 아니여요.
공포라는 부정적 감정이 위험을 회피할 수 있고 불안이나 외로움을 느낄 때 상황을 바꿔보기 위한 의욕과 변화가 생겨요.

보통 긍정적인 좋은 감정은 조절하지 않는 경우가 많아요.
부정적 감정은 무언가 문제가 생겼기 때문에 오는 자연스러운 반응이기 때문에 조절하고 에너지를 쏟아야 해요.

긍정적 감정은 만족과 기쁨을 느낄 때 흐뭇한 마음이며, 나를 편안하고 행복하게 해 주어요.
긍적적 감정이 많을수록 부정적 감정에서 쉽게 빠져나올 수 있어요.

모든 사물에는 이름이 있듯 감정에도 이름이 있어요.
나의 감정에 정확한 이름을 붙이면 나의 마음을 더 잘 들여다보게 되고 감정을 표현하는것 만으로도 불쾌한 감정을 줄인다고 해요.

감정을 표현하기 위해 더 많은 미세한 단어를 알고 있다면 나 자신을 더 잘 이해하고 상대방에게 내 감정을 전달할 수 있어요.

긍정적감정을 이해해요.

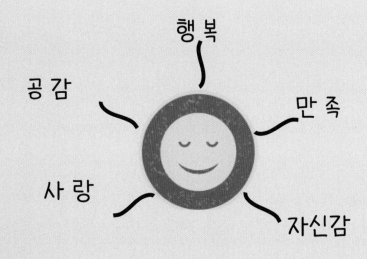

행복

공감

만족

사랑

자신감

1. 내가 가장 행복했던 순간은 언제였나요?

2. 긍정적 감정을 많이 들게 하려면 어떤 방법이 있을까요?

3. 오늘 감사한 일은 무엇일까요?

사랑, 애정, 관심, 평화, 행복, 기쁨, 감격, 편안함, 즐거움과 같은 긍정적인 감정이 많을수록 부정적인 감정을 중화시키고 그로 인해 신체적인 변화가 좋은 방향으로 바뀔 수 있어요.

행복: 충분한 만족과 기쁨을 느끼며 즐거워서 흐뭇한 마음
똑같은 상황이란도 어떻게 생각하는지에 큰 차이가 나요. 행복하다고 생각하면 행복한 마음이 생겨요.

만족: 모자람 없이 충분하고 넉넉한 마음
모든 걸 만족할 만큼 충분한 상태는 거의 드물어요. 만족하지 못하는 이유를 환경이나 남 탓이라고 생각하면 불행해져요. 남과 비교하지 말고 작은 것에 감사하며 나 자신이 가장 소중하고 행복한 마음을 갖는 것이 중요해요.

자신감: 어떤 일을 잘 해낼 수 있다고 스스로 굳게 믿는 마음

우리는 늘 새로운 것을 접하고 도전해야 해요. 무언가를 시도할 때 자신감을 느낀다면 용기가 생기고 두려움이 줄어들어요.

공감: 다른 사람의 생각이나 기분을 마치 내가 겪은 것처럼 느껴지는 마음

공감은 상대방의 마음을 알아주고 상대방의 입장이 되어서 느끼는 것이어요.

사랑: 어떤 사람이나 사물 등을 아끼고 귀하게 여기는 마음

부모님의 한결같은 사랑, 선생님의 관심, 친구들과 나누는 우정 등 세상에는 다양한 사랑이 있어요. 사랑을 받을 때도 행복 하지만 줄 때도 우리는 행복을 느낄 수 있어요.

긍정적 감정을 표현하는 단어

행복과 관련된 감정 용어
좋아하는, 애정 어린, 인정받는, 즐거운, 만족스러운, 기쁜, 고무된, 고마운, 만족한, 유쾌한, 기쁨에 넘치는, 기분 좋은, 고마운, 감동받는

관심과 관련된 감정 용어
기대하는, 주의 깊은, 친밀한, 간절한, 집중하는, 흥분된, 매혹적인, 기대하는, 열중하는, 열심히

자신감 관련된 감정 용어
흐뭇한, 뿌듯한, 만족스러운, 감격스러운, 당당한, 자랑스러운, 용기 있는, 들뜬

공감과 관련된 감정 용어
포근한, 감미로운, 따뜻한, 감사한, 따뜻한, 누그러지는, 진정되는, 토닥이며

사랑과 관련된 감정 용어
정겨운, 정감 있는, 훈훈한, 애틋한, 편안한, 매혹된, 뭉클한, 두근거리는, 고마운

감동받은	친근한	잠잠해진
뭉클한	뿌듯한	평온한
감격한	산뜻한	흥미로운
벅찬	만족스러운	안심되는
환희에 찬	상쾌한	매혹된
황홀한	흡족한	재미있는
충만한	개운한	끌리는
고마운	후련한	활기찬
감사한	든든한	짜릿한
즐거운	흐뭇한	신나는
유쾌한	홀가분한	용기 나는
통쾌한	편안한	당당한
흔쾌한	느긋한	살아 있는
기쁜	담담한	생기 있는
반가운	친밀한	자신감 있는
행복한	친근한	두근거리는
따뜻한	차분한	기대 부푼
감미로운	안심되는	들뜬
포근한	가벼운	희망찬
푸근한	평화로운	진정된
사랑하는	누그러지는	뭉클한
훈훈한	고요한	
정겨운	여유로운	
정감있는	진정되는	

부정적 감정을 이해해요.

슬 픔

우 울

분 노

두려움

무 시

미 움

1. 내가 불행했던 순간은 언제였나요?

2. 부정적 감정을 해소하려면 어떤 방법이 있을까요?

3. 슬픈 일을 겪고 있는 친구가 있을 때 어떻게 할까요?

인간은 매 순간 감정을 느끼고 표현하기도 하고 억누르기도 해요.

언제나 행복하고 즐거울 수 없어요. 부정적 감정도 나의 한 부분이고 누구나 고통스럽고 슬픈 상황에 처할 수 있고 스스로 헤쳐 나올 수 없는 경우도 있어요.

불우한 환경과 슬픔 아픔 고통을 예술로 승화하기도 해요. 비슷한 감정을 느끼며 그렸던 미술작품, 외로움과 사랑하는 사람의 이별을 노래하는 음악은 많은 사람에게 위안을 주기도 하지요.

분노: 몹시 못마땅하거나 언짢아서 화를 내고 싶은 마음

바라는 것이 이루어지지 않거나 거절당하거나 화가 날 때, 화의 감정이 해소되지 않고 그냥 두면 순간 뻥 하고 터지게 돼요.

화를 참지 못하고 분노를 잘못된 방법으로 표현하면 사건 사고들이 발생하는 원인인 경우가 많아요.

무시 : 상대를 깔보는 것과 상대와의 대화를 의도적으로 회피하는 마음

무시가 지나치면 상대방에게 상처를 주고 심하면 원한과 보복을 심겨주는 계기가 되기도 해요.

미움 : 싫어하여 못마땅하게 여기는 마음

누군가를 미워하는 마음은 결국 내 몸을 상하게 하기도해요.

두려움 : 근심, 걱정, 무서움, 공포 등 불안을 느끼는 마음

슬픔 : 불쌍한 일이나 답답한 일을 보거나 겪어서 울 것 같은 마음

누구나 슬픔을 겪을 수 있어요. 혼자 슬픔을 이겨 내기 힘든 경우도 있고요. 슬플때는 행동이 느려지고 의욕이 없어지기도해요

우울 : 걱정이 많아서 답답하고 기분이 가라앉는 마음

외로움 : 혼자라고 느껴서 쓸쓸한 마음

사람은 사랑과 관심을 받고 싶어하고 인간관계가 뜻대로 되지 않으면 누구나 외로움을 타요.

질투 : 다른 사람이 잘되는 것을 괜히 미워하는 마음

부정적감정을 표현하는 단어

분노와 관련된 감정 용어
화난, 괴팍한, 불쾌한, 불만족스러운, 격앙한, 격분한, 좌절한, 노발대발한, 격노한, 흥분한, 성난, 눈이 뒤집힌, 기분 상한, 분개한, 열받는, 당혹스런, 당황한, 폭력적인, 무서운

무시과 관련된 감정 용어
질색인, 신랄한, 얕보는, 멸시하는, 경멸하는, 비열한, 비난하는, 기분 상한, 하찮은, 천박한, 괴로운, 민망한

미움과 관련된 감정 용어
아연실색한, 반감이 가는, 싫어하는, 마음이 내키지 않는, 불쾌한, 지겨워진

두려움과 관련된 감정 용어
무서운, 걱정하는, 우려하는, 근심하는, 불안한, 공포의, 겁에 질린, 안절부절 못 하는, 두려운, 소심한, 염려스러운

슬픔과 관련된 감정 용어
우울한, 풀이 죽은, 절망한, 의기소침한, 낙담한, 실망한, 기력이 없는, 울적한, 침울한, 상심한, 비참한, 후회하는, 유감스러운, 불행한, 낙심한,

걱정되는	멋쩍은	김빠진	좌절한
까마득한	쑥스러운	애석한	힘든
암담한	언짢은	야속한	무료한
염려되는	고로운	낙담한	성가신
근심하는	난처한	냉담한	지친
뒤숭숭한	답답한	섭섭한	심심한
무서운	갑갑한	외로운	혐오스런
섬뜩한	서먹한	고독한	밥맛 떨어지는
오싹한	어색한	공허한	질린
겁나는	찝찝한	허전한	정떨어지는
두려운	슬픈	허탈한	멍한
진땀 나는	구슬픈	막막한	혼란스러운
주눅 든	그리운	쓸쓸한	창피한놀란
불안한	목이 메는	허한	민망한
조바심 난	서글픈	우울한	당혹스런
긴장한	서러운	무력한	부끄러운
떨리는	쓰라린	무기력한	화나는
안절부절 못하는	애끓는	침울한	끓어오르는
조마조마	울적한	꿀꿀한	속상한
초조한	참담한	피곤한	약 오르는
불편한	처참한	고단한	분한
거북한	한스러운	노곤한	울화가 치미는
겸연쩍은	비참한	따분한	분개한
곤혹스러운	안타까운	맥 빠진	억울한
	처연한	귀찮은	열 받는
	서운한	지겨운	짜증나는
		절망스러운	비열한

지치고 힘들 때 위로가 되는 육아 명언

부모는 최소한 아이에게 감정적으로 안전한 사람이어야 한다. <오은영박사>

최고의 가르침은 아이에게 웃는 법을 가르치는 것이다.<프리드히 니체>

자식을 불행하게 하는 가장 확실한 방법은 언제나 무엇이든지 손에 넣을 수 있게 해주는 일이다.<루소, 에밀 중>

아이에게 무엇이 결여됐는지"를 보는 것이 아니라 "아이에게 무엇이 있는지"를 찾아내는 것이 부모의 역할이다.<대럴드 트레퍼트>

부모란 자녀에게 사소한 어떤 것을 주어 아이가 행복하도록 만들어주는 존재이다.<오그든 내시>

한 아이를 키우려면 온 마을이 필요하다. <빌리엘리어트 영화 중>

자녀교육의 핵심은 지식을 넓혀주는 것이 아니라 자존감을 높혀 주는 데 있다.<톨스토이>

교육이란 삶의 기술을 가르치는 것이다. <알레인 헤프너>

세상에 완벽한 부모는 없습니다

자녀를 위해 최선을 다하여 묵묵히 살아가는

당신이 아이에게 가장 큰 선물입니다.

우리의 미래이자 희망인 아이들이

올바르게 성장할 수 있도록 애쓰는 모든 분들을 응원합니다.

소중한 나의 비밀 친구 이수진, 2021

초판1쇄 발행 2021.9.28 출판등록 제 2021-000027호 / 펴낸이: 이수진 /펴낸곳:아트앤컬쳐

주소: 인천 서구 청라 루비로 93 / ISBN 979-11-975632-1-8 / 032-263-1037

바른서가에 모든 판권이 있으며, 수익금 일부는 아트앤컬쳐에서 좋은 책을 만들 수 있도록 지원하고
소외계층에게 문화 예술 활동을 지원 할 수 있도록 기부될 것입니다.

혼자여도 좋아